Weihnachten den Kindern erzählt

von Dietmar Rost und Joseph Machalke
mit Bildern von Heide Mayr-Pletschen

Verlag Butzon & Bercker Kevelaer
Verlag Ernst Kaufmann Lahr

Maria und Josef
gehen nach Betlehem

In Nazaret,
in der kleinen Stadt,
wohnen Maria und Josef.

Josef ist Zimmermann.
Er baut kleine Häuser
und große.
Maria ist seine Braut.
Sie ist jung und schön.

Maria und Josef
haben sich lieb.
Sie wollen bald heiraten.

Aber erst müssen sie noch
hinauf nach Betlehem.
Der große Kaiser von Rom
will alle Leute zählen.
Er will genau wissen,
wieviel Menschen
in seinem Land wohnen.

So machen sich Maria und Josef
ganz früh am Morgen auf
und gehen nach Betlehem.

Alles schläft.
Es ist ganz dunkel.
Nur der Mond leuchtet.
Maria sitzt auf einem Esel.
Und der Weg ist weit.

Sie kommen
in den Wald

Sie kommen
in den dunklen Wald.

Die Bäume stehen
nackt und kahl
und haben keine Blätter.

Es ist kalt.
Und durch die trockenen Äste
heult der Wind.

Eine Eule schreit.
Maria ist bange.
Sie friert.
Josef sagt:
Ich bin doch bei dir.

Zwei Igel laufen
über den Weg.
Der Esel hat sie
aufgescheucht.
Sie haben Hunger
und suchen
was zu essen.

Mitten aber auf dem Weg
steht ein Fuchs
und bellt.
Er wollte den kleinen
Vogel fressen.

Doch das Vögelchen
ist auf den Baum
geflogen.
Da ist es sicher
vor dem Fuchs.

Sie suchen
ein Zimmer

Endlich ist der Wald
zu Ende.
Es wird hell.
Der Morgen kommt.

Da geht die Sonne auf.

Maria und Josef gehen
weiter und weiter –
den ganzen Tag
und noch die Nacht.

Dann sehen sie
die ersten Häuser
von Betlehem.
Sie sind da.

Vor dem Tor
steht ein Soldat.
Er läßt die beiden ein.

Maria und Josef
sind müde.
Sie suchen ein Haus
zum Schlafen.
Sie klopfen an eine Tür.

Der Wirt aber sagt:
Los! Geht weiter.
Hier ist kein Platz.

Sie suchen und suchen.
Überall.
Nirgends ist Platz.

Endlich finden sie
einen alten Stall.
Da können sie bleiben.

Maria bekommt
ein Kind

Maria und Josef
gehen in den Stall.
Josef macht
ein Bett aus Stroh.
Dann legen sie sich hin
und schlafen.

Und mitten in der Nacht,
da geschieht es:

Maria bekommt
ein Kind.
Es ist ein Junge.

Maria wickelt
das Baby in Windeln
und legt es
in die Futterkrippe.
Josef aber macht Feuer an.
Es ist bitterkalt.

Ochs und Esel
stehen an der Krippe
und gucken zu.

Mit ihrem Atem
wärmen sie
das kleine Kind.

Die Hirten sehen
ein helles Licht

Und nahe
bei dem Stall
sind Hirten.
Sie bleiben
in der dunklen Nacht
draußen auf dem Feld
bei ihren Schafen.

Sie passen auf,
daß kein Wolf kommt
und die Schafe frißt.

Und da! – Auf einmal
wird es ganz hell
am Himmel.
Es leuchtet wie die Sonne.
Die Hirten sind
erschrocken.

Und plötzlich ist
da ein Engel.
Er sagt zu den Hirten:

Habt keine Angst!
Freut euch!
Ich sage euch
etwas ganz Schönes.
Ein helles Licht
ist in die dunkle Welt
gekommen.
Heute ist Jesus geboren.

Schnell! Lauft!
Lauft zum Stall,
und guckt euch
alles an.

Und sie laufen
zum Stall

Und die Hirten
laufen zum Stall.
Sie flöten,
trommeln
und geigen.

Und die Schafe
laufen hinterher.

Sie finden
Maria und Josef
und das Kind.
Es liegt in der Krippe –
auf Heu und auf Stroh.

Der große Hirt
bringt frisches Brot.
Und seine Frau
ein warmes Tuch.

Der kleine Hirt
kniet an der Krippe.
Er schenkt dem Kind
sein schönstes Lämmchen.

Sogar der Wirt
ist gekommen
und hat ein Krüglein Wein
mitgebracht.
Und die Wirtin
den süßen Brei.

Ochs und Esel aber
schauen immer
auf das Kind.
Sic können sich
nicht satt sehen.

Alles
freut sich

Vor den Mauern
von Betlehem
wird alles grün,
und mitten im Wald
blüht die Christrose.

Die beiden Igel
haben den süßen Apfel
gefunden.
Jetzt haben sie
keinen Hunger mehr.

Und der Fuchs ist zahm
und bellt nicht mehr.
Er läßt den kleinen Vogel in Ruh.
Der singt und zwitschert.

Die Hirten aber
freuen sich so.
Und überall
erzählen sie:

Denkt euch –
wir haben den
Heiland gesehen:

ein kleines Kind
in einer Krippe –
draußen im Stall.

Und sie lachen
und tanzen
vor lauter Freude
und singen
das schöne Lied:

„Ihr Kinderlein kommet!"

Ihr Kinderlein kommet

Ihr Kinderlein kommet,
o kommet doch all!
Zur Krippe her kommet
in Betlehems Stall.
Und seht, was in dieser
hochheiligen Nacht
der Vater im Himmel
für Freude uns macht.

O seht in der Krippe
im nächtlichen Stall,
seht hier bei des Lichtleins
hellglänzendem Strahl,
in reinlichen Windeln
das himmlische Kind,
viel schöner und holder,
als Engel es sind.

Da liegt es – ach Kinder –
auf Heu und auf Stroh.
Maria und Josef
betrachten es froh.
Die redlichen Hirten
knien betend davor,
hoch oben schwebt jubelnd
der Engelein Chor.

Manch Hirtenkind trägt wohl
mit freudigem Sinn
Milch, Butter und Honig
nach Betlehem hin.
Ein Körblein voll Früchte,
das purpurrot glänzt,
ein schneeweißes Lämmchen,
mit Blumen bekränzt.

Drei Könige
aus dem Morgenland

Im Morgenland,
weit weg von Betlehem,
leben drei Könige.
Jede Nacht gucken sie
in den klaren Himmel.
Sie gucken nach den Sternen.

Da! – Tief in der dunklen Nacht
sehen sie auf einmal
einen hellen Stern.
Und im Stern ein Kind
mit einer Krone –
groß und wunderschön.

Jetzt wissen sie:
Das ist der Stern
des großen Königs.
Der König ist geboren.

Schnell, ganz schnell
machen sie sich auf
und nehmen
die schönsten Geschenke mit.

Sie gehen bergauf
und gehen bergab:
bei Wind und bei Wetter –
bei Tag und bei Nacht.

Durch die heiße Wüste
führt der Weg.
Und über das tiefe Meer.

Der Stern aber:
Er geht vor ihnen her
und leuchtet.

So kommen sie endlich
nach Betlehem.
Und über dem Haus –
hoch oben
bleibt der Stern stehen.

Die Könige freuen sich.
Jetzt sind sie da.

Die Könige
bringen Geschenke

Und sie gehen
in das Haus.
Sie finden
Maria und Josef
und das kleine Kind.

Da wird ihnen
so warm ums Herz.

Die Könige nehmen
ihre Krone ab
und knien vor dem Kind.
Sie beten Jesus an.

Dann packen sie
die große Tasche aus
und legen
kostbare Schätze
an die Krippe:
Gold
und Weihrauch
und Myrrhe.

Das Gold glänzt
wie die Sonne.
Weihrauch und Myrrhe
riechen so gut.

Alles schenken sie
dem kleinen Kind.
Sie schenken es
dem großen König.

Dann gehen sie wieder
nach Hause zurück,
den weiten Weg
ins Morgenland.

Maria und Josef fliehen in der Nacht

Nicht lange
bleibt es so schön.

Mitten in der Nacht
kommt von Gott
der Engel zu Josef.

Der Engel sagt:
Josef, steh auf!
Schnell!
Weck das Kind
und seine Mutter.
Ihr müßt weit weg.
In ein fremdes Land. –

Geht nach Ägypten.
Da seid ihr sicher.

Der König Herodes
sucht das Kind.
Er will es umbringen.
Herodes will alleine
König sein.

Da steht Josef auf,
nimmt das Kind
und seine Mutter
und flieht nach Ägypten.
Maria sitzt auf dem Esel.
Sie hält das Kind ganz warm.

Und sie bleiben in Ägypten,
bis der böse König Herodes
tot ist.

Dann gehen sie
wieder nach Hause:
nach Nazaret,
in die kleine Stadt.

Und das Kind Jesus
wird groß und stark.
Seine Eltern freuen sich –
und der Vater im Himmel
freut sich.

In dieser Reihe sind bereits erschienen:

Das Vaterunser den Kindern erzählt
von Dietmar Rost und Joseph Machalke
nach Fridolin Stier
mit Bildern von Heide Mayr-Pletschen
ISBN 3-7666-9513-4 Verlag Butzon & Bercker

Gottes Liebe ist so wunderbar
Kinder sprechen mit Gott
von Dietmar Rost und Joseph Machalke
mit Bildern von Waltraud M. Jacob
ISBN 3-7666-9818-4 Verlag Butzon & Bercker
ISBN 3-7806-2337-4 Verlag Ernst Kaufmann

Die Deutsche Bibliothek – CIP-Einheitsaufnahme

Weihnachten den Kindern erzählt / von Dietmar Rost und Joseph Machalke. Mit Bildern von Heide Mayr-Pletschen. – Kevelaer : Butzon und Bercker ; Lahr : Kaufmann, 1994
   ISBN 3-7666-9901-6 (Butzon und Bercker)
   ISBN 3-7806-2410-9 (Kaufmann)

ISBN 3-7666-9901-6 Verlag Butzon & Bercker
ISBN 3-7806-2410-9 Verlag Ernst Kaufmann

© 1994 Verlag Butzon & Bercker D-47623 Kevelaer
Alle Rechte vorbehalten
Texterfassung: Elisabeth von der Heiden, Geldern
Lithos: Qualitho GmbH, Essen
Druck und Bindearbeiten: Benatzky, Hannover